A PROPOS D'ÉLECTIONS.

DE LA LIBERTÉ

EN MATIÈRE D'OPINIONS

PAR JAMES DAUBOURG,

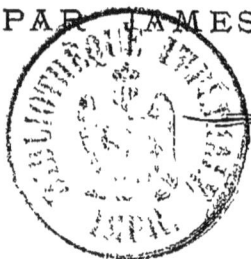

Que votre foi soit raisonnée ;
ST-PAUL.

La liberté par la paix ;
La paix par la liberté.

1868

DIJON. — IMPRIMERIE G. DEMEURAT, RUE BOSSUET, 15.

PRÉFACE.

—◇◇◇—

« Jeunes gens, c'est pour vous spécialement que nous publions cette brochure. Puisse-t-elle vous donner le goût des choses sérieuses ! Jeunes gens, soyez calmes, c'est le calme qui fait les grandes choses. Mais ne demeurez point pour cela indifférents. Songez à vos pères de 89 ; rappelez-vous quels ils furent et voyez qui vous serez. « *Levate capita vestra quia appropinquat redemptio* » relevez la tête, car il approche le jour de votre rédemption. Cette victoire, c'est l'effet de votre foi.

Tournons nos yeux vers la Révolution ; elle n'est pas aussi noire qu'on nous la fait.

« Ce que nous avions pris pour une date est une époque. »   JOSEPH DE MAISTRE.

« Le plus grand évènement après la venue du Christ c'est la Révolution française.

Aimons-là donc cette Révolution, mais sachons qu'elle elle fut. 89 voulut la monarchie, une constitution ; 69 voudra une constitution, la monarchie. 89 voulut à ses enfants faire connaître leurs droits, 69 fera de la France une communauté de frères en droits.

89 composa à cette occasion un catéchisme social. Fait tout à leur dévotion nos pères ne purent réussir ; achevé dans la paix il eut fondé un monde nouveau. Repris en sous-œuvre il pourrait encore faire merveille. En attendant, recevez chère jeunesse, cette bluette que dans votre intérêt nous avons composée.

DE LA LIBERTÉ

En matière d'Opinions.

I.

Il est une volonté morale, unique, supérieure qui nous doit guider, ou le monde tombera bientôt en désarroi. Cette volonté, cette domination, ce doit-être celle de l'Église. Il ne saurait en être autrement. Dieu ne pouvait nous laisser sans révélation, l'homme eut été le jouet de toutes les doctrines, et ce mot de civilisation n'eut jamais existé.

Tous les peuples l'ont reconnue. En vain quelques philosophes isolés, quelques nations perdues, par bravade ou par terreur, ont cru en imposer. Plus vaillant que jamais s'est relevé le soldat, le philosophe chrétien. Pour lui, la royauté de l'Eglise avait des marques indélébiles, la perpétuité dans l'enseignement. Il reconnut la vie, car ce n'était pas le progrès. Il n'y a pas de progrès en matière de religion. L'homme change, la religion demeure. Elle put bien pâlir et s'éclipser cette lueur divine ; nous l'apercevions à travers les nuages que l'incrédulité avait amoncelés entre elle et notre obscur entendement.

Il y a donc un critérium du bien et du mal ;

Il y a donc une bonne, une mauvaise liberté ;

Il y a une bonne, une mauvaise conciliation.

Toutefois la tolérance est devenue nécessaire depuis que l'on ne croit plus. Mais nous demanderons à l'Académie ce que l'on entend par ces mots : tolérer le bien, car c'est là où nous en sommes aujourd'hui. — La tolérance est le respect des minorités, le respect constitue pour elles une véritable puissance et la possibilité d'exercer certains droits. En politique les progrès de la raison l'ont rendue nécessaire ; cette loi a sa raison d'être ; l'erreur de la veille sera la vérité du lendemain. Dans le domaine de la religion, elle paraît susciter quelques inconvénients, ils sont moins nombreux qu'on le suppose. Essayons de les dire et aussi d'y répondre. — Ouvrier obscur de l'intelligence, nous sommes descendu dans l'arène où descendent les rois ; et, fort de notre cause, nous nous sommes présenté au tribunal de l'opinion.

Mettre en regard les physionomies, c'est mieux faire juger de la valeur des hommes et des choses ; ainsi procéderons-nous.

Entre les diverses opinions qui nous divisent choisissons les plus extrêmes, nous y trouvons de la ressemblance ; force est donc de nous unir, de nous rapprocher.

Le publiciste le plus avancé a dit :

Dieu, c'est le mal ;

La Révolution, c'est le plus saint des devoirs ;

La Propriété, c'est le vol.

Un autre a répété : la Raison est infaillible.

La religion ne dit pas autre chose, et si, au lieu de regarder la couverture des livres qui en parlent, le philosophe avait appris à y lire, il y aurait vu ce qui s'y trouve ; il eut moins disserté et plus raisonné ;

Que le lecteur ne se trouble ni ne s'épouvante ; nous allons le mener par un chemin où il verra clair. Nous ne sommes pas descendu sur la place enguirlandé d'oripeaux pour y faire la nuit ; nous avons la prétention de montrer le jour à plus d'un.

Dieu, c'est le mal. — Pouvons nous comprendre autrement cette parole : celui qui singe Dieu, l'hypocrite, c'est le mal. Cette doctrine n'a-t elle pas cours chez nous : l'athée est le plus grand des hypocrites. Proudhon dut naturellement penser et voulut dire : l'athéisme, c'est le mal. Nous ne sommes qu'au commencement de nos preuves, nous en avertissons l'incrédule.

La Révolution, c'est le plus saint des devoirs ; voilà une phrase fort avancée et qui ne peut donner lieu à aucune équivoque. La catholicisme, la plus haute expression de la civilisation, n'a t-il pas dit par la bouche de l'un de ses plus saints docteurs, l'ange de l'école : la révolution à main armée est permise pourvu qu'elle n'entame pas trop le corps social, et que les déprédations qu'elle commet, le mal qu'elle fait, ne soient pas plus grands que le bien qu'elle veut faire. Entre les deux assertions, quelle différence ? aucune. Le catholique est plus modéré, voilà tout.

La Propriété c'est le vol. Proudhon eut mieux dit : la propriété, c'est le mal. Mais n'est-ce pas là le perpétuel *sursum corda* de l'Evangile ? Certes, tout ce qui pense bien doit s'abriter derrière le rempart de la propriété pour, au besoin, la défendre et la protéger. Fallait-il pour cela lui élever des autels, oublier Dieu parce que nous avons connu l'argent, et suivant l'expression pittoresque, énergique d'un prédicateur, faire de Dieu même le garde-champêtre de nos propriétés? Rien n'est curieux comme la figure d'un propriétaire au jour des révolutions.

La Raison est infaillible. — Parfaitement, c'est encore l'avis des docteurs et le catholique ne pense pas autrement.

Elle est infaillible et non pas illimitée. Les objets sur lesquels elle s'exerce et qui sont de son domaine; le sujet de ses investigations lui est de bonne grâce concédé et l'on en croit ses rapports. Un axiome ne trompe pas, le syllogisme non plus. Dieu qui nous avait donné la raison, car « tout don parfait vient d'en haut » voulut aussi nous donner la foi. Pouvait-il se mettre en désaccord avec lui-même, et faire qu'il y eût deux manières de voir également vraies et pourtant contradictoires?

Il est facile d'apporter à l'appui de cette donnée le témoignagne d'auteurs irréfutables.

Nous expliquerons le sens de ces mots : liberté, égalité, fraternité, ces trois grandes théories du monde moderne. - Notre manière de voir sera celle du chrétien, du philosophe; en cela d'accord avec ce que nous prescrit le culte de notre avenir social.

On pourra toucher en passant les livres de piété.

Reste le dogme, qui ne nous est point familier, arche sainte sur laquelle nous ne permettrons pas même de jeter les regards, ce qui met une barrière entre nous et nos ennemis, nos adversaires plutôt. Elle sera franchie toutefois, car ils comprendront que ce sont là querelles de théologiens, affaires de la divinité. Toutefois nous tâcherons de leur en montrer sinon les secrets ressorts au moins leur incontestable utilité ; nous essaierons de faire comprendre l'alliance intime, à moitié cachée, mais visible pourtant, du dogme et de la morale. Le moyen sera facile, nous jugerons de l'arbre par ses fruits.

On le voit, les intérêts religieux et politiques se trouvent mêlés à ces controverses ; il est fort difficile qu'il en soit autrement.

Par cet opuscule, ce simple aperçu, on peut imaginer déjà que le catholicisme n'est pas aussi malade qu'il en a l'air ; un peu moins de pitié, un peu plus d'admiration pour lui serait chose sensée et fort raisonnable. Il tient tête à tout, répond à tout ; soulève toutes les objections et n'en laisse aucune sans réplique.

Le malheur des temps a voulu que bien des contradicteurs parussent parmi nous. Nous passerons outre et ne nous montrerons impitoyables qu'envers l'athéisme. L'athée n'a pas le droit d'exister sur les terres de la république.

II.

La conciliation est l'art de réunir les parties en un tout pour former l'unité.

La tolérance est le respect de tous les principes pour arriver par le progrès au même but que l'unité. Elle cesse dès que la vérité reconnue a été proclamée.

En matière politique l'Eglise a choisi le rôle le plus noble, celui de la conciliation, suivant ces paroles des docteurs : « Laissez ces choses aux hommes et pour leur pâture. »

Rien ne se fait sans conciliation. Si chacun, désireux de suivre ses propres inspirations, n'obéit en tout qu'à la passion, et n'appelle jamais à son aise dans les traverses de la vie et les décisions à prendre le secours de la raison, plus calme, plus froide et pour cela mieux à même de diriger nos actes, c'est peine inutile de chercher à former une société qui puisse braver les orages du temps. On la verra cette société, folle comme la passion dont elle aura les allures, pousser qui l'un, qui l'autre, dans un désordre, un cahos général. Et ce ne sera certainement pas de ce pêle-mêle, de ce tohu-bohu, que sortira jamais la saine, la vraie liberté.

L'absolutisme est parti de Rome, et cela se comprend. La vérité est absolue, la vérité religieuse surtout. — L'absolutisme n'est pas le despotisme. — Que dire d'une religion qui hésite, se contredit? « *Non divisus Christus* » le Christ ne se partage pas. A côté de la vérité il n'y a que l'erreur. Pense-t-on qu'ils furent bien sérieux ces docteurs protestants à qui s'adressa Henri IV, et qui lui répondirent : le salut est partout. N'était-ce pas dire on ne peut se sauver nulle part ? Les différences entre les diverses religions ne sont-elles donc pas essentielles, et n'y a-t-il pas des abîmes entre chacune d'elles? Toutes ont du bon sans doute ; mais une seule est la bonne, et c'est précisément celle-là qu'il fallait indiquer. Chacun sera jugé d'après la loi qu'il aura connue ; mais il n'est pas permis à un docteur de tromper son frère. — Rome n'admettra jamais que ce soit un progrès pour les peuples de perdre avec l'harmonie des pensées l'unité des doctrines.

Cet absolutisme d'ailleurs ne va pas jusqu'à inquiéter les personnes ; il ne s'en prend qu'aux principes, à eux seuls il fait la guerre. Et le temps des martyrs, et celui de l'inquisition sont également passés ; les hommes devenus plus sages sont aussi plus modérés. L'inquisition fit la chûte de l'Espagne ; nous ne la défendrons pas ; pourtant elle fut moins odieuse, moins cruelle qu'on ne le croit communément et partait d'un bon principe mal appliqué. — La modération est la pondération des excès. La modération est une flamme contenue mais une flamme pourtant. Elle n'est point, ce que l'on croit communément, un moyen terme entre tous les principes, ce serait le bris de chacun d'eux. Un principe est vrai ou faux ; il ne peut être mitigé. Il ne manque pas d'hommes qui vous disent : arrêtez le bien ; et, ne fut-ce que pour un temps, désirent l'alliance du mal ; Jésus n'a pas cette fausse douceur. « *Nullum pactum cum impiis* » il n'y a pas de pacte avec l'impie. Celui-là n'est pas le meilleur qui est le plus doux mais sincère et le plus juste.

Au reste nous courons à l'unité.

On reproche singulièrement aux catholiques la St-Barthélemy. Est-ce un tort ? je le pense. Il n'y a pas besoin d'être bien expert en fait d'histoire pour savoir que la plupart des évêques désobéirent ; qu'eux seuls montrèrent de la tête et du cœur. Chacun enfin sait bien et n'ignore pas que la religion en fut le prétexte, l'ambition des seigneurs, le vrai motif. Pour tout dire enfin, les protestants finirent par trouver ce qu'ils avaient bien un peu cherché.

En terminant ce paragraphe qu'il nous soit permis d'adresser une question : Voltaire fut-il vraiment tolérant ? Non, car il tolérait tout excepté le catholicisme qui, s'il ne mérite pas créance, vaut bien au moins la tolérance.

III

Quelqu'un a dit : celui là rendra un grand service à son pays qui dira ce qu'est la liberté. Puisqu'à ce point elle excite notre enthousiasme, échauffe nos cœurs, réveille nos sympathies, qu'est-ce donc ?

La liberté dit l'un , c'est le pouvoir d'élever nos facultés intellectuelles, physiques et morales au plus haut point qu'il soit donné d'atteindre ; elle a nom, chez les autres, le désir de l'avancement social, et c'est à proprement parler la définition de la doctrine du progrès. Pour nous la liberté c'est le pouvoir d'exercer son droit. Ce droit est limité par le devoir. Mais en politique les devoirs sont peu nombreux et les droits très-compliqués. Il n'en est pas de même en religion, où l'obéissance est le premier, le plus saint des devoirs. De là chez les hommes religieux cette tendance a un excès de douceur.

Reste à définir le droit ; nous en avons du moins constaté les limites.

La liberté, c'est le droit de tout faire, sauf répression ; la liberté est cela ou ce n'est rien.

Qui dit Indépendance dit abolition de lois coercitives et préventives.

Qui dit liberté entend par là abolition des lois préventives.

La liberté est utile à tous ; aux gouvernants, on réclame tout d'un Etat-Providence, au gouverné, qui peut ainsi résister aux attaques d'un pouvoir. — Etouffer la liberté c'est tuer le génie d'un peuple mort à l'initiative. La liberté individuelle voilà le but à atteindre.

La première des libertés, est la liberté de conscience. On ne peut rien attendre d'un peuple qui ne respecte pas la croyance. Un fameux chansonnier disait : qu'il soit permis *même* d'aller à la messe, c'est *surtout* qu'il eût fallu dire.

Mais que la liberté soit toujours pour nous la déesse sainte et pure, vierge de toute souillure. Le lys qui croît au milieu des débris et des ruines n'en demeure pas moins par excellence la plus blanche des fleurs. Salut à la liberté qui est la statue et dont l'autorité n'est que le piédestal.

Il aurait suffi d'un cuistre pour empêcher la publication de l'Evangile, c'est dire ce que vaut la liberté.

N'exploitons pas l'Evangile, au nom d'une religion qui a dit : malheur aux riches ! n'attaquons pas les puissances constituées, car cette même religion ajoute encore : bienheureux le pauvre d'esprit celui qui ne possède pas ou qui possède sans violence, le pauvre, le révolutionnaire ne se trouvent pas toujours dans ce cas. Enfin « ce n'est pas en vain que le roi porte l'épée. »

S'il en était autrement le pouvoir temporel des papes serait définitivement condamné. Il n'en est point ainsi. Poursuis, ô grand Pape, ta noble carrière ! Tes ennemis vainement dans l'ombre ont conjuré ta perte. Comme autrefois de Jésus ils se partagent par avance les lambeaux de la robe ensanglantée ! Qu'elle leur soit une tunique de Nessus, et qu'ils connaissent enfin ce qu'ils ont oublié depuis longtemps, le remords !

Une égalité brutale a voulu niveler toutes les hauteurs. L'égalité, c'est le respect de l'homme. L'école catholique est est la grande école du respect. (Guizot).

Entendez le langage de la légion Thébaine.

« Nous sommes vos soldats Seigneur ; mais nous sommes en même temps serviteurs de Dieu, nous en faisons gloire et nous le confessons volontiers. Nous vous devons le service de guerre, mais nous devons à Dieu l'innocence. Nous recevons de vous la paix ; il nous a donné la vie. Nous ne pouvons vous obéir en renonçant à Dieu notre créateur, notre maître et le vôtre quand vous vous obstineriez à le méconnaître. Si on ne nous demande rien qui l'offense, nous obéirons comme nous avons fait jusqu'à présent ; autrement nous lui obéirons plutôt qu'à vous... Vous nous commandez de chercher les chrétiens pour les punir, et nous sommes chrétiens... nous avons vu égorger nos compagnons sans les plaindre. Aucune tentative de révolte parmi nous, et nous avons les armes à la main. »

Le despotisme n'entend pas de cette oreille.

Ecoutez son horrible langage.

Opprimons les avec prudence. Quelle prudence qui ne tend à ses fins que par les voies les plus odieuses, les injustices les plus criantes ! Voilà ce qu'est la politique humaine que l'intérêt remue et que la religion ne règle pas. Basse jalousie, lâche ingratitude, oubli de toute équité naturelle, artifice honteux, violence ouverte, cruauté inhumaine, tout lui paraît non seulement permis mais nécessaire dès qu'elle peut le couvrir du spécieux prétexte du bien de l'Etat. Mais il n'y a ni *prudence,* ni *sagesse,* ni *conseil* contre le Seigneur. Les politiques ont beau forger des desseins, s'épuiser en expédients, employer la ruse et la violence, malgré eux l'œuvre se fera et les obstacles de la sagesse humaine en assureront l'éxécution.

On oublie tout ; comme autrefois chez les Pharaons qui après avoir employé les Hébreux à bâtir leurs colossales pyramides, leur retirent tout secours, toute justice. Ainsi va la justice des hommes.

Ce sont les évêques qui ont fait la France, et nous ajoutons les couvents l'ont sauvée. C'est ce dont ne peut convenir la démocratie qui, ainsi qu'on l'a dit, peut bien avoir un sentiment, mais alors celui de la jalousie.

Ou tombées, ou régnantes, les dynasties n'ont pas le droit de faire les dégoûtées quand la papauté leur tend la main.

En terminant cet article, rappelons-nous ce passage de Tacite : *Ruunt in servitutem ;* ne faisons pas dire de nous ce que l'historien romain disait de son temps. Relisons quelquefois les beaux débuts de Salluste et que l'on ne puisse nous appliquer ce mot : *panem et circenses*, il leur faut des cirques et du pain.

Chacun peut se faire une idée du libéralisme de J.-J. Rousseau, le prince et le précurseur de la démocratie; l'Eglise est de trop, il faut la chasser des Etats, tel est son langage. Cette sorte de libéraux à double face ne manque guère de nous appeler jésuites (la seule compagnie vraiment célèbre qui ait jamais existé, et de laquelle d'Alembert lui-même disait : c'est le chef-d'œuvre de l'esprit humain), Pelletan, lui, issu de famille protestante, fut mieux inspiré quand il réclama pour les droits de la Société de St-Vincent-de-Paul; c'est que l'illustre orateur est de la bonne école et son libéralisme ne trompe pas. Il a depuis longtemps inscrit sur les plis de son glorieux drapeau : la liberté pour tous ou pour personne.

IV.

Quelles que soient les hauteurs ou les défaillances de l'esprit humain il y a toujours espérance de l'amener à récépiscence et de lui faire entrevoir la vérité lorsque les événements eux-mêmes aident à la tâche de l'écrivain, concoururent à lui donner raison.

Rien n'est insolent comme un fait;

Or, les faits parlent et voici ce qu'ils disent :

L'égalité absolue est un vain mot, le rêve de la médiocrité jalouse; l'égalité relative est seule possible.

Nous en trouvons le parfait modèle dans l'Eglise catholique; le pape lui-même fut parfois dans son enfance gardeur de pourceaux. Sans remonter si haut nous avons dans nos cités la communauté ; le chef s'intitule *primus inter pares,* et les statuts sont régulièrement observés.

Il y a même dans le droit divin du moyen-âge quelque chose qui respire profondément le sentiment de l'égalité. Eh quoi ! me comprenez-vous pas (nous nous adressons aux hommes de bonne foi) que cette parole, le *droit divin,* signifie clairement que l'homme pour commander à l'homme a besoin d'être marqué du sceau même de Dieu ? Et n'est-ce pas la plus éclatante consécration du principe de l'égalité ?

La roture et la plèbe ne comptent-elles pas des saints dans le calendrier ? ces grands hommes que l'on appelle de petits esprits. La faveur y contribue t elle donc ? Est ce donc le mépris de la femme, cet être faible en apparence que prêche l'Evangile ? Ne lui a-t-elle pas donné le pas sur l'homme en quelque sorte par cette magnifique apologie du sexe : une femme fut la plus parfaite de toutes les créatures. Ste-Paule enseigne St-Jérôme ; Notre siècle compte des écrivains de premier mérite parmi les femmes. Napoléon sut parfois leur rendre un juste hommage ; voilà le plus grand homme de mon siècle dit-il en parlant de la mère Javouhey. Pourquoi les Napoléon n'employèrent-ils pas leur esprit à populariser la paix au lieu de se lancer dans d'interminables querelles ?

Ils avaient reçu du Ciel en partage les dons du génie, heureux s'ils avaient su en profiter.

Où donc l'esclavage a-t-il pu prendre racine là où l'Église, l'Evangile a pris pied ? Ne l'a-t on pas vu bien vite s'étioler ? Sois bénie, Eglise de mon Dieu ! Toi seule fais bien les choses parce que tu es dépositaire des secrets d'en haut. En vain te dénigrent tes ennemis ; je ne te renierai pas ma mère bafouée. Je n'ai pas le caractère du lâche.

Et les Vincent-de-Paul, et les Bossuet ne me disent-ils pas assez haut ce que tu vaux, ô Eglise ma mère. Autant bien assurément que les démocrates de nos jours.

V.

Il semble puéril de raconter ce qu'a fait l'Eglise en faveur de la fraternité, et l'on ne peut guère reprocher aux catholiques qu'un excès de douceur. Quand le monde a besoin de consolation, il ne va pas vers les siens, vers les gens du monde, pas même vers un démocrate ; c'est le prêtre qui entend ses aveux, c'est la sœur de charité qui soigne ses blessures.

Ici encore m'apparaît dans sa touchante beauté la conduite des papes au moyen-âge, cette époque à plaisir noircie par Michelet et consorts.

La papauté força les partis qui s'égorgeaient à adopter la *Trève de Dieu*.

« L'Eglise n'a plié devant personne, ni devant les peuples ni devant les rois, elle ne connaît pas le langage de la flatterie. C'est le plus grand service qu'elle ait pu rendre à l'humanité. On doit la vérité à ses amis.

« L'Eglise a t elle plié pendant tout le moyen-âge lorsque représentant l'intelligence, la raison, la justice, en faisant contre-poids au pouvoir brutal, elle prit en tutelle la société mineure, défendit les peuples contre les rois, les faibles contre les forts, et ne craignit pas de foudroyer les diadèmes et les sceptres ? Elle a plié sans doute quand à l'aurore des temps modernes, elle refusa de satisfaire aux caprices impudiques de Henri VIII retranchant du trône de sa puissance un de ses rameaux les plus verdoyants plutôt que de souffrir une atteinte à la justice, à la morale éternelle.

Au dernier siècle enfin, comme aux premiers offrant sa tête aux bourreaux plutôt que de dire non où il fallait dire oui, a-t-elle plié?

Elle plie devant la philosophie et le beau Renan, J. Simon et sa loi naturelle renouvelée du système Cousin?

Qu'est ce que cela prouve et qu'est-ce que cela me rapporte nous répondra le financier? Cela prouve que voyant ainsi on voit les choses comme elles sont, et cela sert à demeurer honnête homme. Ce n'est pas votre compte? c'est le nôtre. Si dégradée que soit aujourd'hui la société elle n'en est pas venue à préférer l'argent à l'honneur. Ces lignes trouveront quelque écho. Peut-être inspireront-elles un bon désir suivi d'une bonne action, c'est tout le vœu de l'auteur. — Puisse un jour nous réunir tous ce cantique des âmes aimantes « *Quam bonum, quam jucundum habitare fratres in unum* » qu'il fait bon, qu'il est doux d'habiter ensemble comme des frères!

DIJON. — IMPRIMERIE DE G. DEMEURAT, RUE BOSSUET.

www.ingramcontent.com/pod-product-compliance
Lightning Source LLC
Chambersburg PA
CBHW050355210326
41520CB00020B/6325